AF310817

REVUE TRIMESTRIELLE

DE

DROIT CIVIL

COMITÉ DE DIRECTION :

A. ESMEIN
Membre de l'Institut
Professeur à la Faculté de droit
de l'Université de Paris;

CH. MASSIGLI
Professeur à la Faculté de droit
de l'Université de Paris;

R. SALEILLES
Professeur à la Faculté de droit
de l'Université de Paris;

ALBERT WAHL
Doyen de la Faculté de droit
de l'Université de Lille.

EXTRAIT

LA JURISPRUDENCE
SUR LES CLAUSES D'INALIÉNABILITÉ
SA LOGIQUE — SES LIMITES
Par M. Albert CHÉRON
PROFESSEUR A L'ÉCOLE KHÉDIVIALE DE DROIT DU CAIRE

ABONNEMENT ANNUEL :
France, **20** francs; Étranger, **22** francs

LIBRAIRIE
DE LA SOCIÉTÉ DU RECUEIL GÉNÉRAL DES LOIS & DES ARRÊTS
FONDÉ PAR J.-B. SIREY, ET DU JOURNAL DU PALAIS
Ancienne Maison L. LAROSE et FORCEL
22, rue Soufflot, PARIS, 5e Arrond.
L. LAROSE & L. TENIN, Directeurs

LA JURISPRUDENCE

SUR

LES CLAUSES D'INALIÉNABILITÉ

SA LOGIQUE — SES LIMITES

Par M. Albert Chéron,
Professeur à l'École khédiviale de droit du Caire.

Il est depuis longtemps admis en jurisprudence que la
prohibition d'aliéner, insérée dans un legs ou une donation,
est valable, si elle est motivée par un intérêt sérieux, et si
elle n'est pas imposée pour une trop longue durée; il est
admis, en outre, que la sanction de cette clause peut être,
soit la résolution des droits du gratifié et la résolution par
voie de conséquence des droits de son ayant cause, soit, plus
souvent, la simple nullité des actes de disposition faits en
violation de la clause et le maintien de l'état de choses créé
par la libéralité.

Le principe même de cette jurisprudence a été très vive-
ment discuté par la doctrine. Certains auteurs ont protesté,
au nom des principes, contre une pratique qui permet de
défigurer le droit de propriété individuelle au point de lui
enlever un de ses attributs essentiels : le *jus abutendi* (1).
D'autres ont essayé d'en fournir une justification théorique

---

(1) Laurent, *Principes*, t. XI, n°ˢ 460 et suiv.; Huc, *Commentaire*, t. IV,
n°ˢ 76 et suiv.; Planiol, *Traité*, 2ᵉ éd., t. I, n°ˢ 973 et suiv.

et légale (1). Il ne nous semble pas que personne ait réussi, ni à laver entièrement cette jurisprudence du reproche d'illégalité, ni à ruiner les arguments d'équité et d'intérêt social qui lui servent de base.

Nous n'avons point l'ambition de résoudre mieux que d'autres cette controverse. Il n'y a pas, en cette matière, de solution qui s'impose à l'esprit avec une évidence absolue. Nous constaterons, en effet, qu'il y a sur ce point une antinomie radicale, irréductible, entre la loi et la jurisprudence. Tout revient donc à se demander s'il est permis au juge, pour donner satisfaction à des intérêts pratiques respectables, de méconnaître la volonté certaine du législateur, et si le rôle prétorien de la jurisprudence peut aller jusqu'à contredire, au nom de l'équité, le texte de la loi, ou, ce qui revient au même, jusqu'à faire dire à la loi, par des détours ingénieux, le contraire de ce qu'elle dit réellement. En d'autres termes, la question des clauses d'inaliénabilité nous apparaît comme un épisode d'une lutte beaucoup plus vaste, engagée sur bien d'autres points, entre la loi écrite, forcément imparfaite mais certaine, et l'équité qui, dans un effort constant vers le mieux, subit, par la force des choses, des à-coups et des fluctuations. Dans cette lutte générale chacun s'enrôle, cela se conçoit, dans tel ou tel parti suivant ses tendances et sa nature d'esprit, suivant la conception nécessairement subjective que chacun se forge du Droit. Ceux qui demandent au Droit, avant tout, la certitude, la netteté, la solution plus ou moins équitable, mais toujours catégorique, des conflits quotidiens, se déclarent partisans de la loi écrite et réduisent au minimum le rôle de l'interprète. Ceux, au contraire, qui assignent au Droit la difficile mission de réaliser, dans la mesure du possible, la justice idéale, proclament que la loi écrite est inférieure à la tâche; que le législateur, qui n'a pas la connaissance de tous les besoins présents ni surtout la prescience des besoins futurs, ne peut faire qu'une œuvre imparfaite et qui, avec le temps, peut

_____

(1) Barlin, *Théorie des conditions impossibles et illicites*, p. 167 et suiv.; Bretonneau, *Étude sur les clauses d'inaliénabilité*, th. Paris, 1902.

se révéler nuisible; qu'en conséquence il appartient au juge,
non seulement de combler les lacunes de la loi, mais aussi
de remédier à la loi lorsqu'elle devient néfaste.

Quant à nous, loin de blâmer la tendance qui porte le
juge à prendre des libertés avec des textes souvent suran-
nés, nous accueillons volontiers cette jurisprudence à esprit
novateur, qui, en montrant la voie au législateur, a bien
souvent provoqué des réformes bienfaisantes. Aussi bien
certaines solutions de nos tribunaux finissent-elles par s'éta-
blir avec la même certitude que la loi elle-même. Il serait
puéril de s'insurger, au nom de la sécurité du droit, contre
une jurisprudence qui, depuis des années, affirme d'une
façon constante qu'un ascendant donateur, par exemple,
peut, sa vie durant, interdire au donataire d'aliéner l'objet
de sa libéralité. Qu'importe que cela soit contraire à la loi,
puisque cela est certain?

Toutefois il est bien rare qu'une jurisprudence qui se crée
ainsi de toutes pièces soit homogène et logique. Ce n'est
pas tout d'affirmer que les clauses d'inaliénabilité peuvent
être valables; il faut dire dans quels cas elles le seront; il
faut préciser quelle sera la portée de ces clauses, quelle en
sera la sanction. Si les décisions des tribunaux procédaient
d'un principe bien arrêté (conforme ou contraire à la loi,
peu importe), la part d'incertitude serait fort réduite. Mais
en est-il ainsi? Le juge qui s'écarte de la loi, statue en se
basant, au fond sinon en la forme, sur des notions d'équité
vagues et variables. Il en résulte une jurisprudence touffue,
inégale, dont les hardiesses et les timidités déconcertent
l'observateur, et, ne l'oublions pas, inquiètent le plaideur.

Ce vice est particulièrement sensible en la matière qui
doit faire l'objet de ce travail. La règle, maintes fois pro-
clamée, est aussi certaine que si elle était inscrite dans la
loi : les prohibitions d'aliéner sont en principe licites. Mais
le pourquoi de cette règle? Son contenu? Son sens exact?
La ligne de conduite à suivre pour son application et sa
mise en œuvre? La notion théorique, en somme, qui lui sert
de base et qui doit en préciser les conséquences? Il ne semble pas qu'on l'ait jusqu'à présent dégagée. Tour à tour, et

un peu suivant les besoins de la cause, on nous parle d'une incapacité particulière dont serait frappé le gratifié, ou d'un engagement pris par lui de ne pas aliéner, ou d'une restriction apportée à son droit de propriété sur la chose donnée ; il n'est aucune de ces idées dont on ne puisse retrouver l'expression dans les arrêts. Or, suivant que l'on adopte l'une ou l'autre de ces explications, on est logiquement conduit à des conséquences différentes. Dans ces dernières années surtout, on a pu relever des hésitations, des contradictions dans la jurisprudence sur les clauses d'inaliénabilité. Ainsi, à quelques jours de distance, deux Chambres de la Cour de Paris rendaient deux arrêts contradictoires sur le point de savoir si l'on peut insérer dans un legs d'usufruit une clause d'inaliénabilité pour toute la vie du légataire (1). Le 18 avr. 1901 la Chambre des Requêtes déclarait, contrairement à la jurisprudence antérieure, que la prohibition d'aliéner n'entraîne pas forcément la défense d'hypothéquer (2); et récemment une Cour d'appel, poussant plus avant les effets de la clause, déclarait qu'elle faisait obstacle même à l'inscription d'une hypothèque judiciaire (3). Mieux encore, la Cour de cassation en arrive à se déjuger elle-même : à quelques mois de distance la Chambre des Requêtes a reconnu à un exécuteur testamentaire et refusé à un héritier le droit d'agir en nullité d'actes faits par un légataire au mépris d'une clause d'inaliénabilité insérée dans son intérêt (4).

Ces exemples peuvent donner à penser que la jurisprudence, en cette matière, n'a pas une ligne de conduite très sûre. Ne serait-il pas utile, pour éviter ces flottements, de préciser la justification théorique, sinon légale, de cette jurisprudence, et d'examiner les conséquences qui en doivent résulter ? C'est un travail de ce genre que nous voudrions entreprendre.

(1) Paris, 5e chambre, 5 nov. 1901, et Paris, 2e chambre, 30 déc. 1901, S. 1904. 2. 201 et suiv., avec une note de M. Tissier.

(2) Req. 18 avr. 1901, D. 1902. 1. 71.

(3) Rouen, 5 avr. 1905, D. 1905. 2. 241, avec une note de M. Planiol. V. aussi *Rev. trim.*, 1905, p. 688, avec examen critique de M. Pilon.

(4) Req. 25 juin 1902, S. 1902. 1. 484 et *Rev. trim.*, 1903, p.184. — Req. 23 mars 1903, S. 1904. 1. 225, avec une note de M. Tissier.

Il nous faut d'abord rappeler brièvement les origines et la genèse de cette jurisprudence, ainsi que les discussions doctrinales auxquelles elle a donné lieu. Nous pourrons ainsi nous convaincre qu'elle s'est formée en dehors de la loi et contre la loi. Et si, malgré son illégalité, elle doit être approuvée, nous aurons à dire quelles idées doivent présider à son développement.

C'est en nous inspirant de ces idées que nous chercherons à résoudre quelques difficultés relatives aux conditions de validité et aux effets de ces clauses. Nous n'avons point la prétention d'épuiser la matière en quelques pages et de passer en revue toutes les difficultés qui peuvent se présenter. Nous nous bornerons à préciser les conséquences extrêmes de cette jurisprudence.

I

Il faut distinguer deux périodes dans la formation de la jurisprudence sur les clauses d'inaliénabilité. Pendant toute la première partie du xixe siècle, la question ne se posa que dans les termes suivants : pouvait-on soumettre une libéralité à cette condition résolutoire que l'acquéreur ne ferait aucun acte de disposition sur la chose qu'il acquérait? ou bien une pareille condition devait-elle être considérée comme contraire à la loi et réputée non écrite aux termes de l'article 900 du Code civil? En ce dernier sens on pouvait argumenter de l'article 544, qui définit la propriété « le droit de jouir et de disposer des choses de la façon la plus absolue, pourvu qu'on n'en fasse pas un usage prohibé *par les lois ou par les règlements* »; de l'article 537 qui déclare que les « particuliers ont la libre disposition des biens qui leur appartiennent, sous les modifications établies *par les lois* »; de l'article 1598 ainsi conçu : « Tout ce qui est dans le commerce peut être vendu, lorsque *des lois particulières* n'en ont pas prohibé l'aliénation ». Tous ces textes semblaient bien indiquer que le législateur se réservait à lui seul la faculté de limiter les droits d'un propriétaire et d'entraver la libre circulation des biens. Cependant la jurisprudence résolut la difficulté par une distinction que l'on peut considérer comme lui servant encore de base : si la défense d'aliéner est perpétuelle ou même d'une durée excessive, cette condition est contraire à la loi ; car le législateur ne veut pas que les biens demeurent par contrainte pendant de longues années en des mains peut-être inhabiles à les exploiter. Mais s'il ne s'agit que d'une inaliénabilité limitée à un petit nombre d'années et justifiée d'ailleurs par un intérêt sérieux et légitime, cette condition est licite. Ainsi, un ascendant donateur, pour se donner plus de chances d'exercer le retour légal de l'article 747, peut stipuler comme condition de sa libéralité et sous menace de résolution immédiate que le donataire conservera en nature dans son patrimoine le bien donné jusqu'à la mort du donateur (1).

Mais, en raisonnant de la sorte, il était impossible d'attaquer les tiers acquéreurs du bien donné sans faire tomber du même coup les droits du donataire. Il pouvait pourtant arriver qu'un ascendant donateur voulût s'assurer l'exercice du retour légal pour le cas où il survivrait, mais sans retirer à son descendant donataire, pour le cas où il aliénerait indûment, la jouissance intérimaire des biens. Telle fut précisément l'hypothèse qui se présenta devant la Cour d'Angers le 26 juin 1842 (2); et l'arrêt rendu par cette Cour inaugure une seconde phase dans l'histoire de cette jurisprudence : laissant de côté la théorie de la condition résolutoire, il déclare que de la défense d'aliéner, lorsqu'elle est valable, résulte pour tout intéressé, en l'espèce pour l'ascendant donateur, une action en nullité des actes faits contrairement à cette défense, action tendant uniquement à maintenir les biens donnés dans le patrimoine du gratifié. Cette thèse, admise puis combattue par plusieurs Cours d'appel, fut consacrée par la Cour de cassation en 1858 (3). Désormais, ce sont des points acquis en jurisprudence : 1º que la clause d'inaliénabilité est valable quand elle est temporaire et jus-

____

(1) V. Dalloz, *Rep.*, vº *Dispositions entre-vifs et testamentaires*, nᵒˢ 1778 et suiv.

(2) D. 42. 2. 218.

(3) Cass., 20 avr. 1858, D. 58. 1. 154, S. 58. 1. 589.

tifiée par un intérêt sérieux et légitime; 2° que la sanction de cette clause consiste ordinairement dans la nullité des actes qui lui sont contraires, exceptionnellement dans la résolution des droits du gratifié, lorsqu'il sera manifeste que le donateur ou le testateur a considéré la défense d'aliéner comme une véritable charge dont l'inexécution doive entraîner la révocation de la libéralité.

On voit que c'est par des considérations d'ordre pratique que la jurisprudence s'est déterminée en cette matière. Était-elle au moins guidée par quelques données théoriques? Il ne nous semble pas. Dans certains arrêts nous voyons reproduits les systèmes par lesquels on a essayé après coup de justifier les solutions de la pratique. Aujourd'hui la plupart des arrêts ne reproduisent même plus ces arguments; ils acceptent comme une vérité certaine le caractère licite de la clause. En jurisprudence, nous avons des solutions; avons-nous un système?

Les auteurs qui se sont occupés de la question dans un sens favorable à la jurisprudence, se sont ingéniés à la mettre d'accord avec le Code. Ils n'y ont que médiocrement réussi. Et, d'autre part, leurs théories, toujours trop courtes par quelque endroit, ne parviennent jamais à rendre compte de tous les effets que la clause doit produire pour répondre aux nécessités pratiques.

Trois conceptions juridiques peuvent être mises en avant pour expliquer la clause d'inaliénabilité sanctionnée par la nullité des actes de disposition faits par le gratifié. On peut dire que le gratifié est frappé d'une incapacité personnelle quant au bien donné; ou qu'il s'est engagé à ne pas aliéner l'objet de la libéralité; ou bien enfin qu'il n'a reçu sur cet objet qu'un droit mutilé, et que le bien est frappé entre ses mains d'une indisponibilité réelle.

La première de ces explications n'a jamais été sérieusement proposée à notre connaissance. Tous les auteurs déclarent que l'idée d'incapacité doit être rejetée, parce que la capacité des personnes ne dépend que de la loi, et qu'il n'appartient pas aux particuliers de la modifier à leur gré. Cette explication ne nous semblerait pourtant pas plus subversive que celle qui consiste à dire que le droit transmis est mutilé par la volonté du donateur. Les arrêts, en général, se défendent de reconnaître cette incapacité particulière dont le gratifié serait frappé par la volonté du disposant. Sans prétendre que cette idée doive servir de base générale aux clauses d'inaliénabilité, nous aurons à nous demander si elle est aussi inadmissible qu'on le pense en général.

La seconde explication a été proposée par M. Bartin (1). Si elle était adéquate à la difficulté, elle réconcilierait la jurisprudence avec la loi. La promesse de ne pas aliéner est licite lorsqu'elle n'est pas faite pour une trop longue durée et qu'elle présente un intérêt légitime. La loi elle-même en fournit un exemple dans la promesse de vente (art. 1589, C. civ.), par laquelle un futur vendeur promet de ne pas vendre avant un certain délai imparti à une certaine personne. De même, un donateur peut stipuler du donataire qu'il n'aliénera pas avant un certain temps ; il suffit pour cela que ce donateur y ait un intérêt personnel, ou que cet intérêt existe au profit d'un tiers (art. 1121, C. civ.). C'est là une obligation de ne pas faire ; or, en cas d'inexécution d'une obligation de ne pas faire, le créancier a le droit de faire détruire ce qui a été fait par contravention à l'engagement (art. 1143, C. civ.). Traduisons : le donateur ou le tiers intéressé a le droit, si le donataire aliène, de détruire cette aliénation, c'est-à-dire d'en faire prononcer la nullité.

Peut-être cette dernière déduction est-elle un peu forcée : on avait toujours considéré l'article 1143 comme visant la destruction des effets produits par un acte matériel, et non point l'anéantissement d'un acte juridique. Mais ce système encourt, à notre avis, un reproche autrement grave. Car il conduit à cette conséquence, que la clause d'inaliénabilité ne pourra jamais être insérée en faveur du gratifié lui-même afin de le prémunir contre la misère. En effet, comment concevoir que le gratifié s'oblige envers lui-même à ne pas aliéner son bien ? Quelle serait la sanction d'un pareil engagement ? Cette conséquence du système est d'ailleurs voulue

____

(1) Bartin, *op. cit.*, p. 167 et suiv.

par son auteur : c'est à chacun de se protéger soi-même ;
quand un individu est déclaré par la loi capable et maître de
ses droits, on ne peut, sous le seul prétexte de le protéger,
lui faire promettre qu'il n'exercera pas son droit ; s'il est
prodigue, qu'on lui nomme un conseil judiciaire ; hors de
là, pas d'entraves à l'initiative des individus. — Mais la
nomination d'un conseil judiciaire est une mesure grave ;
toute personne qui s'intéresse à un prodigue et qui veut lui
assurer, à lui et aux siens, des ressources pour l'avenir, n'a
point qualité pour en requérir l'application. Enfin il y a une
multitude de gens qui, sans être à proprement parler des
prodigues ou des faibles d'esprit, ne laissent pas de se ruiner. La clause d'inaliénabilité a donc là un rôle utile à rem-
plir ; nous verrons même que c'est dans des circonstances
de ce genre qu'apparaît le mieux cet intérêt sérieux et légitime dont parle la jurisprudence.

Reste une troisième explication consistant à dire que les
droits composant l'actif d'un patrimoine ne sont pas nécessairement des droits dont on puisse disposer. La loi elle-
même donne un exemple d'indisponibilité réelle dans les
substitutions permises. Le grevé ne peut aliéner le droit qui
lui a été transmis ; est-ce parce qu'il est incapable ? non,
car si l'appelé meurt avant lui, il ne pourra attaquer ses
propres actes de dispositions. C'est parce que ce droit de
propriété ou autre, grevé de substitution, est, à raison de
la destination que lui a donnée le testateur, provisoirement
indisponible dans son patrimoine.

Mais ce qu'un testateur peut faire dans cette hypothèse
étroitement délimitée par la loi, un disposant quelconque
peut-il le faire de sa seule autorité là où la loi n'a rien dit ?
Les discussions auxquelles ont donné lieu les substitutions
indiquent d'une façon évidente que le législateur n'a auto-
risé que comme à regret l'indisponibilité de certains biens
dans quelques cas exceptionnels, et qu'en dehors de ces cas
il a entendu prohiber toute entrave à la circulation des richesses. Les textes par lesquels il définit le droit de propriété viennent encore à l'appui de cette interprétation.
Enfin, si l'on songe que, d'après une doctrine économique,

qui régnait sans conteste en 1804, la libre circulation des biens était considérée comme un principe essentiel pour la production des richesses, les biens devant toujours parvenir, par le jeu naturel des intérêts, aux mains les plus aptes, à les exploiter, si l'on songe que le législateur était imbu des principes de l'école individualiste, il devient évident qu'il ne pouvait admettre les clauses d'inaliénabilité qui paralysent l'initiative individuelle et qui figent les richesses en des mains souvent incapables de les utiliser.

A cette argumentation, l'auteur d'une remarquable thèse, M. Bretonneau[1], a fort bien répondu que la jurisprudence actuelle n'était point liée par les conceptions économiques du législateur d'il y a cent ans. On peut admettre que la libre circulation des richesses favorise leur augmentation. Mais la propriété individuelle a-t-elle pour fonction unique d'accroître la richesse du pays? Quelque opinion que l'on ait sur la doctrine du « laissez faire », n'y a-t-il pas d'autres intérêts à sauvegarder que ceux de la production? Produire le plus possible, est-ce donc là le dernier mot de l'économie politique? La répartition des richesses, leur consommation, l'épargne sont aussi des chapitres importants de cette science. Enfin, à côté des intérêts économiques proprement dits, il y en a d'ordre moral et social, qui méritent bien d'être pris en considération. Sans doute l'intérêt général veut que l'inaliénabilité des biens entre les mains des particuliers ne se prolonge pas trop longtemps et ne devienne pas une mesure trop fréquente. Mais il suffit pour cela d'admettre que l'inaliénabilité ne peut être établie que pour un temps limité et pour des motifs particulièrement graves, assez graves pour faire échec à cet intérêt général. Or, lorsqu'il s'agit, par exemple, de ménager les ressources indispensables à la vie d'un foyer, d'assurer à un père dépensier ou même simplement engagé par sa situation dans des affaires hasardeuses, de quoi nourrir et élever ses enfants, il y a là un intérêt sérieux et un intérêt qui tend à devenir social, étant donné la mobilité et les fluctuations des fortunes à l'heure présente.

(1) Bretonneau, op. cit., p. 178 et suiv.

C'est ce qu'on a compris dans plusieurs pays en créant des
biens de famille insaisissables et difficilement aliénables.
C'est ce qu'on a compris chez nous en favorisant ce contrat
d'assurance sur la vie au profit d'un tiers, qui permet d'épar-
gner et de capitaliser pour les siens à l'abri des créanciers.
C'est ce que comprend encore la jurisprudence quand elle
favorise et sanctionne la clause d'inaliénabilité au profit du
gratifié.

On ne pouvait mieux démontrer l'étroitesse de vues du
législateur, et les puissantes raisons qui ont décidé la jurisprudence à s'écarter de la loi. Mais qu'on ne prétende pas
avoir établi la légalité de cette jurisprudence. Il nous paraît
au contraire acquis que la théorie des clauses d'inaliénabilité ne peut trouver son point d'appui qu'en dehors de la
loi. Et si les tribunaux peuvent, comme nous le croyons,
s'émanciper ainsi de la loi, est-ce bien à l'idée d'indisponibilité réelle qu'ils doivent recourir pour édifier leur système et justifier leurs solutions ? Dès lors qu'ils ne se présentent plus comme interprètes de la loi, dès lors qu'ils font
œuvre autonome et indépendante, rien ne les contraint de
s'asservir à telle conception théorique plutôt qu'à telle autre.
Mais il faut pourtant qu'ils en aient une ; car l'équité elle-
même doit avoir sa logique.

Or l'indisponibilité réelle ne nous semble pas être la formule qui synthétiserait les résultats heureux vers lesquels
tend la jurisprudence. Bonne à expliquer certaines solutions, elle se trouve parfois insuffisante. Les motifs pour
lesquels un disposant peut être amené à imposer une clause
d'inaliénabilité sont si divers que les effets de cette clause
ne peuvent être toujours identiques ; il faut donc un principe assez souple pour se plier aux circonstances variées
dans lesquelles ces clauses se présentent.

On oppose généralement incapacité personnelle et indisponibilité réelle en disant : les raisons pour lesquelles tels ou
tels actes de disposition ne peuvent être faits sur les biens
des incapables sont tirées de considérations propres à la
personne de leur propriétaire ; au contraire les raisons pour
lesquelles il est défendu d'aliéner, par exemple, les biens

de l'État ou des biens grevés de substitution, sont issues de
la destination spéciale qui est donnée à ces biens. Mais ne
se présentera-t-il pas des hypothèses où un donateur impo-
sera la défense d'aliéner pour des raisons tirées de considérations propres à la personne du donataire, par exemple pour obvier à sa prodigalité? Ne devra-t-on pas sup-
poser alors que la clause fait fonction d'incapacité et en
tirer les mêmes conséquences que si le donataire était frappé
d'une véritable incapacité quant au bien donné? Ou plutôt,
ne pourrait-on pas ramener à l'unité les diverses hypothèses
en raisonnant de la façon suivante: Toutes les fois que le
législateur met des entraves à la circulation des biens, c'est
parce que ces biens sont affectés à un but, d'ailleurs très
variable, qui peut être notamment la protection même de
leur propriétaire contre ses entraînements et son inexpé-
rience. De même un donateur ou un testateur peut affecter
sa libéralité à une certaine fonction; et cette intention, toutes
les fois qu'elle repose sur des motifs sérieux, doit produire
tous ses effets, pourvu qu'il n'en résulte pas une atteinte à
des intérêts plus graves que ceux qu'il s'agit de sauvegarder. M. Bretonneau ne serait pas éloigné d'aboutir à cette
conclusion (1); mais il ne prend pas garde que cette notion
de *propriété affectée au but voulu par le disposant* est
plus large que celle d'indisponibilité réelle telle qu'on l'entend ordinairement. Et cette formule rendrait parfaitement
compte de la jurisprudence : car celle-ci, s'inquiétant fort
peu des notions abstraites que nous venons de confronter,
s'est posé le problème dans les termes suivants : un donateur a voulu sauvegarder certains intérêts; pour donner
plein effet à sa volonté, il faut porter préjudice à d'autres
intérêts; lesquels sont les plus respectables? lesquels présentent le plus d'importance sociale? Tout revient donc 1° à
rechercher quelle était l'intention du donateur et si cette
intention se justifiait en l'espèce; 2° à faire la balance entre
la gravité de ses motifs et la gravité de ceux qu'on leur
oppose. Le premier point est souverainement apprécié par

(1) V. notamment Bretonneau, *op. cit.*, p. 190.

les juges du fait (1). Le second constitue la jurisprudence sur les clauses d'inaliénabilité; jurisprudence, on le voit, tout à fait indépendante de la loi, sinon en la forme de ses considérants, du moins quant au véritable raisonnement souvent dissimulé dans les arrêts, mais jurisprudence qui, nous semble-t-il, peut avoir sa logique et son unité malgré d'apparentes contradictions. Toutefois l'on conçoit qu'une œuvre de ce genre ne se crée pas sans quelques tâtonnements, et qu'aujourd'hui encore il y ait des hésitations lorsque se posent des questions nouvelles, c'est-à-dire lorsque le respect des volontés du disposant conduit à des conséquences jusqu'alors inaperçues. C'est ce que nous allons montrer dans les pages qui vont suivre.

II

Tous les arrêts proclament que la clause d'inaliénabilité n'est valable que si elle est motivée par un intérêt sérieux et légitime. On ne peut qu'approuver cette formule prudente : car lorsque le juge crée le droit en dehors de la loi, il ne doit le faire que pour de puissantes raisons. La libre circulation des biens importe à la prospérité générale; elle doit, en principe, être respectée. Mais la jurisprudence est-elle toujours restée fidèle à sa formule? Elle s'est souvent montrée trop indulgente pour apprécier les intérêts qui justifient la prohibition d'aliéner. On groupe en général sous trois chefs les intérêts à protéger : intérêt du disposant, intérêt du gratifié, intérêt de tierces personnes. Tous ces intérêts ont-ils la même gravité? On peut invoquer parfois comme nous l'avons montré, des considérations de la plus haute portée. Mais il arrive aussi que l'on s'arrête à des motifs vraiment mesquins et fragiles. Par exemple l'inaliénabilité est souvent stipulée au profit de tiers usufruitiers du bien donné ou titulaires d'une rente viagère gagée sur ce

____

(1) La Cour de cassation a-t-elle raison de se désintéresser entièrement de ces questions d'interprétation de volonté? On trouvera une critique très avisée de sa jurisprudence sur ce point, dans la thèse de M. Dereux, *De l'interprétation des actes juridiques privés*, th. Paris, 1905, p. 82 et suiv.

bien; et la jurisprudence valide ces clauses, parce que le tiers aurait plus de difficultés, dit-on, à faire valoir ses droits contre un ayant-cause du gratifié que contre le gratifié lui-même (1). Qu'en sait-on? En tout cas ce n'est là qu'une question de commodité pour lui : car son droit réel reste le même quel que soit le nu propriétaire. Dans une espèce où un usufruit légué avait été frappé d'inaliénabilité, la Cour de Poitiers déclare : « La clause a sa base dans un intérêt très légitime, prévenir dans la mesure du possible toute cause de conflit entre les divers légataires en maintenant l'usufruit sur la tête de personnes unies par des liens de parenté et des affections de famille avec les héritiers institués pour la nue propriété » (2). Les procès d'ordre pécuniaire entre membres de la même famille sont-ils donc si rares qu'il faille attacher quelque importance à cet argument ?

Très souvent, nous l'avons dit, un ascendant stipule l'inaliénabilité des biens qu'il donne pour être sûr qu'il les retrouvera en nature dans la succession de son descendant. Il ne s'agit là en vérité que d'un intérêt éventuel et purement égoïste. Quelle sera l'utilité de la clause s'il vient à mourir le premier? Qu'on n'allègue pas ici l'intérêt des héritiers du donateur; il les aurait plus sûrement protégés en ne donnant que l'usufruit. On a fait observer aussi que la clause d'inaliénabilité était bien superflue en ce cas, puisque l'ascendant donateur pouvait se mettre à l'abri des actes de disposition du donataire en stipulant le retour conventionnel (3). Il y aurait toutefois cette différence que la clause d'inaliénabilité permet à l'ascendant d'attaquer immédiatement les aliénations faites par le donataire; et au point de vue général il est utile que le sort de ces aliénations ne reste pas longtemps en suspens. Mais cette dernière considération qui, à nos yeux, militerait en faveur de la clause, ne paraît pas avoir jamais inspiré la jurisprudence.

Si les intérêts allégués dans les hypothèses que nous ve-

---

(1) Douai, 27 avr. 1864, D. 64. 2. 80. Cass., 24 avr. 1894, D. 95. I. 91.
(2) Poitiers, 16 juin 1866, D. 68. 2. 310.
(3) Nancy, 26 déc. 1869, D. 72. 2. 57.

nons de passer en revue sont discutables, il en est qui ne soutiennent même pas l'examen. Que penser, par exemple, d'un arrêt qui valide la clause d'inaliénabilité en alléguant « l'intérêt qu'a une mère donatrice à empêcher tout démembrement, de son vivant, du domaine qu'elle avait acquis avec son mari » [1]? Arrivés à ce point, nous pouvons dire que l'intérêt sérieux et légitime est tout motif autre que le pur caprice du disposant. Il importe de dénoncer ces exagérations de la jurisprudence, qui expliquent jusqu'à un certain point les critiques dont elle a été l'objet.

*_**

Les arrêts déclarent encore, d'une façon constante, que la clause d'inaliénabilité n'est valable que si elle n'est pas stipulée pour une trop longue durée. Nous n'entrerons pas dans l'examen détaillé de la jurisprudence sur ce point; c'est le plus souvent une question de fait, ainsi que l'a reconnu la Cour de cassation, qui attribue en cette matière au juge du fait un pouvoir souverain d'appréciation [2].

On a cru cependant pouvoir affirmer que la jurisprudence annulait toujours la clause lorsque l'inaliénabilité était stipulée pour toute la vie du gratifié [3]. Cette tendance de la jurisprudence, si elle existe, a tout au moins été démentie par un assez grand nombre de décisions, qui admettent que la défense d'aliéner un usufruit ou une rente viagère peut être édictée pour toute la vie du gratifié. C'est pourtant là une clause d'inaliénabilité aussi absolue que possible, puisque son effet doit se prolonger autant que le droit lui-même. D'ailleurs, depuis quelques années la jurisprudence paraît incertaine sur ce point. La Cour de cassation avait précédemment admis la validité d'une clause de ce genre; et son opinion avait été adoptée par plusieurs Cours d'ap-

---

(1) Angers, 18 déc. 1878, D. 79. 2. 172.

(2) Cass., 22 juill. 1872, S. 73. 1. 242.

(3) Bretonneau, *op. cit.*, p. 71. En ce sens, rapport du conseiller Barafort, sous Req. 19 mars 1877, D. 79. 1. 455. V. aussi Cass., 24 janv. 1899, S. 1900. 1. 342.

pel (1). Or, en 1897, la Chambre civile déclarait au contraire qu'aucun motif ne pouvait justifier une clause d'inaliénabilité imposée dans une constitution de rente viagère pour toute la vie du crédi-rentier (2). En 1901, deux chambres de la Cour de Paris, saisies de la même question en matière de legs d'usufruit, rendirent, comme nous l'avons dit, deux arrêts contradictoires (3). Plus récemment la Cour de Paris admettait encore la validité d'une clause de ce genre en matière de rente viagère; même solution encore dans un arrêt de la Cour de Rouen en matière d'usufruit (4).

Aucune démonstration bien décisive n'a été fournie ni de part ni d'autre dans ce débat. On a invoqué en faveur de la clause l'article 581 du Code de procédure, qui permet à un donateur de frapper d'insaisissabilité le bien qu'il donne. Mais peut-on conclure de là à la possibilité de prohiber l'aliénation volontaire? On a dit que l'inaliénabilité n'avait aucun inconvénient en matière de droits viagers qui, étant d'une valeur incertaine, faisaient difficilement l'objet d'une aliénation à titre onéreux. Cependant de pareilles liéna - tions peuvent parfois être utiles, encore qu'aléatoires. Enfin on emploie fréquemment comme moyen de crédit les polices de rente viagère en les donnant en nantissement (5). La Cour de Paris, le 5 avr. 1905, a-t-elle eu raison d'opposer à cette opération la clause d'inaliénabilité?

Une solution intermédiaire a été proposée par M. Tissier (6) : il faudrait distinguer suivant que le droit viager a été ou non constitué *à titre alimentaire*; dans le premier cas seulement l'inaliénabilité pourrait être imposée pour toute la vie du gratifié. Cette solution nous paraît fort accep-

---

(1) Cass., 9 mars 1868, S. 68. 1. 204. — Rouen, 8 avr. 1868, S. 69. 2. 87; Douai, 17 janv. 1885, S. 85. 2. 172; Paris, 14 juin 1883, S. 85. 2. 171.

(2) Civ. 8 nov. 1897, D. 98. 1. 47, S. 1900. 1. 499.

(3) V. *suprà*, p. 342, note 1. L'arrêt du 5 nov. 1901, dans le sens de la validité, est analysé dans la *Revue trimestrielle*, 1901, p. 425 et 441.

(4) Paris, 5 avr. 1905, *Gaz. Pal.*, 9 août 1905 et *Rev. trim.*, 1905, p. 695, Rouen, 15 mars 1905, *Rev. trim.*, 1905, p. 696. — V. les appréciations critiques de M. Pilon.

(5) V. sur ce point Bédorez, *L'assurance sur la vie comme moyen de crédit*, th., Paris, 1903.

(6) Note précitée, S. 1904. 2. 201.

table; mais encore faut-il préciser dans quel sens on l'entend. Voici, à notre avis, comment elle devrait être précisée : il faudrait donner au mot *alimentaire* un sens plus large qu'il ne comporte ordinairement; il ne serait pas nécessaire que le droit viager fût présentement indispensable pour assurer la subsistance du gratifié; dès lors que l'usufruit ou la rente auraient été donnés par mesure de prévoyance, pour mettre le gratifié à l'abri de la misère et que l'intention du disposant se justifierait en l'espèce, on devrait donner à cette intention tout son effet et admettre la validité de la clause. Mais lorsque la clause d'inaliénabilité a un motif différent, par exemple l'intérêt du nu propriétaire, ou lorsque les craintes du disposant sont véritablement chimériques, il peut n'être pas utile de prolonger si longtemps l'inaliénabilité pour atteindre le but visé par le disposant; et le but de la clause, s'il sert à sa justification, doit aussi servir de mesure à son interprétation (1).

*_**

On s'accorde généralement à reconanître que la clause d'inaliénabilité s'oppose non seulement à l'aliénation volontaire par le gratifié, mais aussi à l'aliénation forcée sur saisie de ses créanciers. Il serait trop facile au gratifié de tourner la clause par des engagements qui auraient pour conséquence l'aliénation du bien. L'inaliénabilité entraîne l'insaisissabilité (2).

On décide aussi que la clause d'inaliénabilité fait obstacle non seulement à l'aliénation proprement dite, mais aussi à

---

(1) Nous critiquons par conséquent, mais pour des motifs autres que M. Pilon, l'arrêt précité de la Cour de Rouen, où l'inaliénabilité pour toute la vie du gratifié, était stipulée au profit d'un tiers.

(2) Bretonneau, *op. cit.*, p. 245 et les autorités citées. Nous remarquerons que la jurisprudence fait produire plus d'effets à cette insaisissabilité accessoire qu'à l'insaisissabilité *seule* stipulée : un legs déclaré seulement insaisissable n'échappe qu'aux créanciers antérieurs à l'ouverture de la succession (Cass., 23 mars 1898, D. 98. 1. 414); un legs inaliénable ne peut être saisi par aucun des créanciers du légataire (Rouen, 1er févr. 1902; Paris, 9 mars 1903, S. 1904. 2. 203-204).

tous actes de disposition partielle, par exemple aux consti-
tutions de droits réels qui diminueraient la valéur du bien
donné entre les mains du gratifié. Cette règle n'est d'ailleurs
pas absolue : il faut rechercher l'intention du donateur et
permettre tout ce qui n'est pas contraire à cette intention.
C'est ainsi que la Chambre des Requêtes a admis en 1901 (1)
que, malgré la défense d'aliéner insérée dans un legs fait à
trois colégataires, l'un d'eux avait pu valablement constituer
hypothèque sur l'immeuble légué, le juge du fait ayant souverainement constaté que le testateur avait seulement voulu
retarder la vente de l'immeuble afin que le plus jeune des
légataires eût la maturité d'esprit nécessaire pour apprécier
l'opportunité de cette vente. — De même lorsqu'on se de-
mande si la clause interdit les dispositions à cause de mort
par le gratifié, il faut encore se reporter à l'intention du donateur. A-t-il eu pour but de s'assurer le retour légal? un
legs fait par le donataire serait contraire à sa volonté (2).
A-t-il eu pour but, au contraire, de prémunir le gratifié
contre sa prodigalité? il est peu probable qu'il ait voulu
l'empêcher de disposer après sa mort (3).

Jusqu'à une époque récente, il paraissait acquis en jurisprudence et en doctrine que la clause d'inaliénabilité ne
pouvait avoir pour conséquence de soustraire le bien donné
aux hypothèques légales ni à l'hypothèque judiciaire. Ce
sont là, disait-on, des droits réels qui grèvent les biens
d'une personne indépendamment de sa volonté; ce sont des
sûretés établies par la loi (4) dans l'intérêt de certains créanciers; « le disposant a pu lier l'activité de celui à qui il s'a-
dressait; il n'a pu faire échec aux ordres de la loi » (5).

Cependant un arrêt récent s'est écarté de ces idées en
décidant que la clause d'inaliénabilité insérée dans un legs

---

(1) V. *suprà*, p. 342, note 2.
(2) Orléans, 10 févr. 1892, D. 93. 2. 82.
(3) Req. 22 juill. 1872, D. 72. 1. 242.
(4) Ceci est vrai même de l'hypothèque judiciaire : elle n'a de judiciaire
que le nom, puisqu'il n'appartient pas au juge de la refuser, ni même d'en
donor l'application. C'est une véritable hypothèque légale résultant des juge-
ments. V. Planiol, 3ᵉ éd., t. III, p. 717.
(5) Bretonneau, *op. cit.*, p. 237-238.

s'opposait à ce qu'un créancier du légataire pût acquérir
sur le bien légué hypothèque judiciaire, soit pendant la période d'inaliénabilité, soit même après. Le légataire, en
l'espèce, avait emprunté en donnant hypothèque sur l'immeuble légué. Cette hypothèque conventionnelle avait été
déclarée nulle par la Cour de Paris, comme constituée en
violation de la clause (1); le créancier avait alors agi en reconnaissance de sa créance, et il prétendait inscrire sur
l'immeuble légué l'hypothèque judiciaire résultant de ce
jugement; il concluait subsidiairement à l'inscrire une fois
passée la période de dix ans pour laquelle l'inaliénabilité
avait été édictée. Il fut débouté sur les deux chefs par un
jugement du tribunal de Rouen confirmé en appel (2). L'arrêt
et le jugement s'inspirent uniquement de l'intention du testateur. Celui-ci voulait protéger le légataire contre les entraînements de la jeunesse. On en conclut que les engagements contractés par le légataire pendant les dix années à
dater de l'ouverture de la succession ne pourront jamais
avoir aucun effet sur les biens en question ; la clause d'inaliénabilité a pour corollaire une insaisissabilité indéfiniment
opposable à ces créanciers des premières années ; d'où l'inutilité pour eux de toute inscription d'hypothèque judiciaire
sur les biens légués à quelque époque que ce soit. Remarquons qu'une fois les dix années expirées, le bien légué
fera partie du gage commun des créanciers du légataire,
mais à l'exception de ceux envers qui il se sera engagé durant la période d'inaliénabilité ; l'unité du patrimoine sera
donc rompue. Jamais la jurisprudence sur les clauses d'inaliénabilité n'était allée jusqu'à des conséquences aussi hardies. Mais, à tout prendre, cette dernière conséquence n'est
pas plus contraire à la loi que le principe même de la théorie. Et puisqu'il n'y avait aucun autre moyen en l'espèce de
respecter l'intention du testateur, puisque d'autre part ce
raisonnement ne pouvait léser aucun intérêt respectable,
l'arrêt de la Cour de Rouen doit être approuvé, car il n'est

(1) Paris, 9 mars 1903, S. 1904. 2. 204, précité.
(2) Trib. de Rouen, 16 mars 1904 et Cour de Rouen, 5 avr. 1905, D. 1905.
2. 241, avec la note de M. Planiol.

que le développement logique d'une jurisprudence beaucoup plus soucieuse des intérêts pratiques que des textes et des principes légaux. Au surplus, comme l'indique le tribunal de Rouen, la situation ainsi créée n'est pas sans précédents en jurisprudence; on sait que l'insaisissabilité des biens dotaux soustrait ces biens indéfiniment à l'action des créanciers envers lesquels la femme s'oblige durant le mariage; il existe entre les deux situations une analogie frappante; faut-il s'étonner qu'en présence de besoins identiques les tribunaux aient imaginé des solutions semblables ?

Cependant cet arrêt a été sévèrement apprécié dans cette Revue même. M. Pilon [1] fait d'abord observer que, si la clause met obstacle à l'hypothèque judiciaire, qui est une véritable hypothèque légale, elle doit aussi mettre en échec les autres hypothèques légales, résultat absolument inadmissible. Supposons que le légataire, dans l'espèce précitée, accepte une tutelle ou vienne à se marier dans les dix ans de l'ouverture de la succession; oserait-on prétendre que l'immeuble légué échappe à l'hypothèque de la femme ou du pupille?

Il est très douteux, en effet, que la jurisprudence admette jamais pareille solution. Mais elle ne cesserait pas pour cela d'être logique. Si notre légataire est disposé à la prodigalité, on peut considérer comme fâcheux qu'il se trouve chargé d'administrer les biens d'autrui; mais c'est une raison de plus pour protéger les incapables dont il gère les biens. L'intérêt que le testateur a voulu sauvegarder se trouve ici en balance avec un intérêt plus considérable et plus respectable. Le légataire est privé pour un certain temps de la faculté d'engager envers des créanciers le bien qui lui a été légué, parce qu'il trouverait trop aisément des usuriers disposés à lui prêter de l'argent, et que la tentation serait pour lui trop forte de rendre illusoire par ce moyen la clause d'inaliénabilité. Mais peut on craindre qu'il se marie ou accepte une tutelle uniquement pour le plaisir de faire pièce aux sages volontés du testateur?

(1) V. *Rev. trim.*, 1905, p. 691 et suiv.

La critique qui précède repose tout entière sur le syllogisme suivant : la volonté individuelle ne peut déroger aux ordres de la loi; or l'hypothèque judiciaire, aussi bien que l'hypothèque proprement dite légale, est établie par une loi impérative; donc l'une et l'autre, en conclut-on, échappent à la volonté de l'homme. Ce raisonnement serait irréfutable, si la première de ces trois propositions devait être admise. Mais précisément, nous l'avons montré, toute la jurisprudence sur les clauses d'inaliénabilité repose sur une désobéissance aux intentions certaines du législateur. Qu'importe qu'à cette désobéissance s'en ajoute une autre, si elle ne porte d'ailleurs pas atteinte à l'ordre public (art. 6) et si elle est au contraire fondée comme la première sur des considérations éminemment respectables ? La jurisprudence, nous le répétons, n'a d'autre limite en cette matière que les intérêts supérieurs à ceux qu'elle veut sauvegarder.

o^oo

Une autre critique, plus grave, a été formulée contre cet arrêt remarquable. Il s'agissait en l'espèce d'un immeuble légué; or les legs ne sont pas soumis à la transcription; la clause d'inaliénabilité n'avait donc pas été publiée. Le créancier ne pouvait-il pas prétendre, avec quelque apparence de raison, qu'il avait eu connaissance du legs, mais non de la clause qui l'affectait, et que, dès lors, il était inique de le priver d'une sûreté sur laquelle il était en droit de compter ? Ne pouvait-il pas exciper de sa bonne foi pour échapper aux effets de la clause d'inaliénabilité ? (1).

L'objection a une portée considérable; car elle ne tendrait à rien moins qu'à rendre la clause d'inaliénabilité pratiquement inefficace en dehors des donations d'immeubles, lesquelles sont nécessairement transcrites. Nous voyons se dresser, à l'encontre des intérêts que le disposant a voulu sauvegarder, d'autres intérêts fort respectables et d'un caractère très général : ce n'est rien moins que la sécurité du

____

(1) Pilon, *loc. cit.*, p. 693 et suiv.

crédit qui est en jeu. Sans doute, en l'état actuel du droit, les acquéreurs de bonne foi ne sont pas toujours à l'abri de l'éviction; mais est-il bon d'allonger la liste des hypothèses de ce genre?

Un arrêt de la Cour de Paris du 25 mai 1901 [1] est le seul, à notre connaissance, qui ait tranché expressément la question, en déclarant que la bonne foi du tiers ne pouvait faire obstacle à la sanction de la clause. Les autres arrêts, ou bien ne s'en occupent pas (sans doute parce que l'exception de bonne foi n'a pas été soulevée), ou bien constatent qu'en fait le tiers avait connaissance de la clause d'inaliénabilité [2].

Le petit nombre des arrêts qui ont envisagé la difficulté donne à penser que la question n'a pas autant d'importance pratique qu'on peut se l'imaginer. Et voici sans doute à quoi cela tient. Si l'objet de la libéralité est un meuble corporel, le sous-acquéreur de bonne foi est protégé par la règle : « En fait de meubles possession vaut titre » [3]. Si c'est un meuble incorporel ou un immeuble légué, les tiers, à défaut de publicité, se seront fait communiquer l'acte constitutif des droits du gratifié (donation ou testament). C'est là une sage précaution, étant donné que ses droits peuvent être affectés de modalités ou clauses particulières. Celui qui n'a pas pris cette précaution s'est montré jusqu'à un certain point imprudent. Ainsi s'explique que la Cour de Paris, dans l'arrêt précité, ne l'admette pas à se prévaloir de sa bonne foi. L'objection perd donc beaucoup de son importance. On conçoit que la jurisprudence ait, ici encore, pris fait et cause pour l'intérêt qu'a voulu sauvegarder le disposant, étant donné que les tiers, à défaut de publicité organisée, ont en général d'autres moyens de se renseigner.

---

(1) *Cazette des Tribunaux*, 1-4 sept. 1901.

(2) V. notamment Besançon, 14 mai 1870, D. 73. 2. 110; Seine, 13 août 1881, D. 83. 2. 172.

(3) On admet en effet sans difficulté que cette règle protège les tiers de bonne foi contre l'exercice du retour conventionnel (Planiol, 3º éd., t. III, p. 592). Ainsi doit-il en être aussi dans notre hypothèse.

o°o

Nous avons précédemment indiqué que la clause d'inaliénabilité était sanctionnée suivant les cas. par la résolution
des droits du gratifié, ou seulement par la nullité des actes
par lui faits en contravention de la clause. C'est en se référant à l'intention du disposant que le juge choisira entre ces
deux modes de sanction. Mais en cas de doute, on doit s'en
tenir à l'action en nullité, car elle suffit en général à réaliser ce qu'a voulu le disposant.

Parmi les questions que soulève la sanction de la clause,
il en est une qui doit particulièrement retenir notre attention.
Qui peut intenter l'action en résolution ou en nullité? Sans
doute celui ou ceux au profit de qui la clause a été insérée,
et les ayants-cause de ces personnes. Personne autre ne
peut agir. Cela ne fait aucune difficulté quand la clause a
été insérée au profit du disposant ou en faveur de tiers; le
gratifié et ses ayants-cause ne peuvent alors faire tomber
les actes faits en violation de la clause, y eussent-ils quelque intérêt en l'espèce : un donataire ne peut pas, pour
revenir sur une vente qu'il regrette, alléguer une clause
d'inaliénabilité qui n'avait d'autre raison d'être que de faciliter au donateur l'exercice d'un droit viager sur l'objet de
la libéralité (1). Car ce serait faire de la clause un usage abusif et la détourner de sa véritable fonction.

Mais quand la défense d'aliéner est édictée dans l'intérêt
du seul gratifié, celui-ci aurait seul qualité pour attaquer
l'acte de disposition qu'il aurait fait au mépris de la clause.
Et d'abord le peut-il? Son acheteur ne lui opposera-t-il pas
la règle : « Qui doit garantir ne peut évincer »? Cette première
objection est sans portée; car si elle était exacte, on en
arriverait à dire qu'un vendeur ne peut jamais agir en nullité, fût-ce pour dol ou violence. Avant de savoir si l'obligation de garantie existe, il faut savoir si le contrat d'où

____

(1) Req. 27 nov. 1893, D. 94. 1. 566.

elle résulterait est valable; or c'est précisément ce qui est en question dans l'action en nullité (1).

Là n'est donc pas la véritable difficulté. Mais, lorsque l'inaliénabilité a été prescrite pour protéger le gratifié contre sa propre prodigalité, n'est-il pas à craindre que celui-ci, après avoir aliéné, ne s'abstienne, par insouciance, par point d'honneur ou même par entêtement, d'agir en nullité? La sage volonté du donateur ne risque-t-elle pas d'être méconnue, si celui-là seul est chargé de la faire respecter, qui sera naturellement porté à la considérer comme blessante à son égard? Ne serait-il pas utile que le disposant lui-même ou ses héritiers eussent le droit d'agir, en vertu de l'intérêt moral qu'ils peuvent avoir à faire respecter l'affectation assignée à la libéralité, et encore qu'ils ne doivent retirer de cette action aucun avantage pécuniaire? Certains arrêts ont bien admis leur intervention dans des hypothèses où la clause d'inaliénabilité n'intéressait que des tiers (2), ce qui est un précédent précieux à enregistrer. Cependant la jurisprudence hésite à étendre jusque-là les conséquences de sa théorie.

En 1903, la Chambre des Requêtes eut à statuer sur l'espèce suivante : un testateur avait fait à son petit-fils un legs en rentes sur l'État avec clause d'inaliénabilité pour un certain nombre d'années. Les titres étaient entre les mains de l'héritier, père du légataire. Et comme le légataire avait emprunté en donnant nantissement sur le legs qu'il avait recueilli, les créanciers assignèrent l'héritier en livraison des titres. Le défendeur opposa la nullité du nantissement, et obtint gain de cause en première instance; mais les créanciers prétendirent en appel que leur adversaire n'avait point qualité pour faire prononcer la nullité du nantissement; celui-ci alléguait à la fois l'intérêt moral qu'il avait comme héritier à faire respecter la volonté du testateur, et l'intérêt pécuniaire qu'il avait comme père à éviter la ruine

(1) En ce sens notamment, Paris, 14 juin 1883, D. 83. 1. 172. — Paris, 25 mars 1901, précité, Gaz. Trib., 1 4 sopt. 1901.

(2) Orléans, 10 févr. 1892, D. 93. 2. 83; Grenoble, 25 janv. 1860, S. 60. 1. 477; Rennes, 16 févr. 1876 et Req. 11 juill. 1877, D. 78. 1. 62.

de son fils et la pension alimentaire qui pourrait en résulter à sa charge. La Cour donna tort à l'héritier; et ses considérants, que la Chambre des Requêtes a purement et simplement approuvés, doivent être reproduits et examinés (1).

« Considérant, dit la Cour, que les premiers juges ont estimé à tort que Laurent-Gaston Cottreau puisait dans sa qualité d'héritier du testateur le droit d'agir, puisque ce droit n'aurait pu appartenir à l'auteur de la libéralité s'il l'avait faite par donation entre-vifs; — considérant en effet qu'un donateur se dépouille entièrement et irrévocablement des biens donnés; que, quelque louables que soient ses intentions, il n'a plus le pouvoir de s'opposer au mauvais usage que le donataire voudrait en faire; qu'il n'est pas permis au donateur de se réserver le droit de surveiller la gestion du donataire dans l'intérêt de celui-ci, et de faire annuler certains de ses actes en vertu d'une sorte de tutelle qui se prolongerait au delà de sa majorité; qu'il ne lui est pas davantage loisible de conférer un pareil droit à ses héritiers; — Considérant qu'on objecte en vain que Cottreau père avait un intérêt personnel à attaquer les actes accomplis en violation de la clause d'incessibilité, afin de se prémunir contre l'obligation éventuelle qui pouvait lui incomber de fournir des aliments à son fils; que cet argument n'aurait de valeur que si Cottreau fils avait été incapable de contracter un emprunt; mais que depuis sa majorité il était libre de s'obliger; que cela étant, il est manifeste que tous les biens dont Cottreau fils aura la disposition à l'âge de trente ans deviendront le gage commun de tous ses créanciers, sans distinction entre ceux qui auront traité avec lui pendant.ou après l'époque d'inaliénabilité; que l'annulation du nantissement n'aurait donc d'autre conséquence que de priver B... et R... d'un droit de priorité sur les créanciers de Cottreau fils et non point de conserver intact le capital de sa rente sur l'État en lui assurant des ressour-

____

(1) Paris, 13 févr. 1902 et Req. 23 mars 1903, S. 1904. 1. 225, avec note de M. Tissier.

ces qui l'empêcheraient d'avoir à réclamer des aliments à son père, etc... ».

Ainsi ce qui effraie la Cour, c'est que permettre au disposant ou à toute autre personne de faire respecter la clause d'inaliénabilité imposée au gratifié dans son intérêt, ce serait organiser une sorte de tutelle en dehors des cas prévus par la loi. Et pourtant nous avons vu la Cour de Rouen admettre avec raison que la clause prohibitive d'aliéner, pour protéger efficacement le gratifié, devait avoir cette conséquence qu'il ne pouvait en aucune façon engager valablement les biens légués, même pour l'avenir. N'est-ce pas là une incapacité en dehors de la loi ? D'ailleurs les considérants qu'on vient de lire expriment une opinion tout à fait opposée. Et il est vraiment piquant d'en rapprocher le passage suivant, emprunté au jugement du tribunal de Rouen : « Attendu que l'incapacité relative résultant pour le légataire d'une disposition aussi restrictive doit être assimilée, si l'on veut lui faire produire tous ses effets, à l'incapacité de la femme dotale ; que, temporaire quant à sa durée, elle est définitive quant à ses effets, etc. ».

Enfin la Chambre des Requêtes, qui, en 1903, approuva le raisonnement de la Cour de Paris, a rendu en 1902 une solution inconciliable avec ce même raisonnement. L'hypothèse était la même, avec cette seule différence que les titres légués étaient entre les mains d'un exécuteur testamentaire, auquel le testament confiait expressément le soin d'apprécier l'opportunité de la vente durant la période d'inaliénabilité (1). La Chambre des Requêtes admit que l'exécuteur testamentaire avait qualité pour faire prononcer la nullité du nantissement consenti sans son autorisation. N'est-ce point reconnaître pourtant que le testateur peut investir quelqu'un d'une sorte de tutelle sur le légataire en dehors des cas prévus par la loi ? Et ce qu'il peut faire expressément, ne peut-il pas le faire tacitement ? Or, l'arrêt de la Cour de Paris de 1902 reconnaît lui-même que la clause avait bien pour but de protéger le légataire contre les entraînements de la jeu-

____

(1) Req. 25 juin 1902, S. 1902. 1. 484.

nesse ; il reconnaît le caractère louable de cette intention. Pourquoi la Chambre des Requêtes ne fait-elle pas produire à cette intention les mêmes effets en 1903 qu'en 1902?

Pour nous, entre ces décisions contradictoires, la vérité ne saurait être douteuse. Les scrupules exprimés par la Cour de Paris sont en contradiction avec toute la jurisprudence antérieure : « La jurisprudence, dit M. Tissier en note de cet arrêt, ne s'est pas montrée aussi prudente et réservée quand elle a établi les bases de son système. Serait-il plus choquant d'admettre une sorte de tutelle extra-légale ou de conseil judiciaire testamentaire que d'admettre une inaliénabilité en dehors des textes ? » On est mal venu à invoquer la loi contre les conséquences d'un système qui, nous croyons l'avoir démontré, est tout entier construit en dehors de la loi. Pour rester d'accord avec elle-même, la jurisprudence doit admettre tout ce qui est nécessaire à la protection des intérêts que le disposant a voulu sauvegarder, sous cette seule réserve qu'il n'en résulte pas une atteinte à des intérêts supérieurs. Si elle s'écarte de cette ligne de conduite, il n'en peut résulter qu'arbitraire et illogisme.

ALBERT CHÉRON.

BAR-LE-DUC. — IMPRIMERIE CONTANT-LAGUERRE.

www.ingramcontent.com/pod-product-compliance
Ingram Content Group UK Ltd.
Pitfield, Milton Keynes, MK11 3LW, UK
UKHW021352100726
13657UKWH00006B/2045